SÉNÉGAL ET NIGER

PÉNÉTRATION

DANS LE

SOUDAN

PROPOSITIONS

RELATIVES

A L'ÉTABLISSEMENT, SANS FRAIS NOUVEAUX POUR L'ÉTAT,
DE VOIES DE COMMUNICATION COMMERCIALES ENTRE SAINT-LOUIS
ET LES POSTES DU HAUT-SÉNÉGAL ET DU NIGER SUPÉRIEUR ET MOYEN
JUSQU'A TOMBOUCTOU,
AINSI QUE DE LA CONSTRUCTION D'UN VASTE PORT A DAKAR.
LES LIGNES FERRÉES DE DIAMOU A BAMMAKO ET DE SAINT-LOUIS A KAYES
AINSI QUE LE CHEMIN DE FER TRANSSAHARIEN
D'ALGÉRIE AU SOUDAN SERAIENT ÉTABLIS ULTÉRIEUREMENT

PAR

UN GROUPE DE NÉGOCIANTS & D'INGÉNIEURS

BORDEAUX
Imprimerie Typo-Lithographique O.-L. FAVRAUD
91, RUE PORTE-DIJEAUX, 91

1886

SÉNÉGAL ET NIGER

PÉNÉTRATION

DANS LE

SOUDAN

PROPOSITIONS

RELATIVES

A L'ÉTABLISSEMENT, SANS FRAIS NOUVEAUX POUR L'ÉTAT,
DE VOIES DE COMMUNICATION COMMERCIALES ENTRE SAINT-LOUIS
ET LES POSTES DU HAUT-SÉNÉGAL ET DU NIGER SUPÉRIEUR ET MOYEN
JUSQU'A TOMBOUCTOU,
AINSI QUE DE LA CONSTRUCTION D'UN VASTE PORT A DAKAR.
LES LIGNES FERRÉES DE DIAMOU A BAMMAKO ET DE SAINT-LOUIS A KAYES
AINSI QUE LE CHEMIN DE FER TRANSSAHARIEN
D'ALGÉRIE AU SOUDAN SERAIENT ÉTABLIS ULTÉRIEUREMENT

PAR

UN GROUPE DE NÉGOCIANTS & D'INGÉNIEURS

BORDEAUX
Imprimérie Typo-Lithographique O.-L. FAVRAUD
91, RUE PORTE-DIJEAUX, 91

1886

PÉNÉTRATION

DANS

LE SOUDAN

PROPOSITIONS

Relatives à l'établissement, sans frais nouveaux pour l'État, de voies de communication commerciales entre Saint-Louis et les postes du Haut-Sénégal et du Niger supérieur et moyen jusqu'à Tombouctou, ainsi que de la construction d'un vaste port à Dakar. Les lignes ferrées de Diamou à Bammako et de Saint-Louis à Kayes, ainsi que le chemin de fer transsaharien d'Algérie au Soudan seraient établis ultérieurement.

EXPOSÉ DU SUJET

L'attention du monde civilisé se porte en ce moment sur les contrées mystérieuses du centre de l'Afrique, que l'on commence à connaître aujourd'hui, et plusieurs puissances de l'Europe cherchent à y pénétrer de divers côtés.

La France vient d'accomplir de grands sacrifices d'hommes et d'argent pour se frayer l'entrée de la vallée du Haut-Niger et l'accès des marchés du Soudan. En dehors des débris des possessions du Sultan Ahmadou, le chef des Toucouleurs de Ségou-Sikoro, elle a assis sa domination sur les races indigènes des Bambaras et des Malinkés, qui peuplent le Haut-Sénégal, et elle étend au loin son protectorat entre le Niger supérieur et moyen et son principal affluent le Mahel-Balevel.

Elle s'est ainsi placée dans les conditions voulues pour ouvrir à la civilisation ces vastes et magnifiques contrées, d'une fertilité remarquable, livrées encore à l'ignorance, à la barbarie, à des guerres intestines à peu près permanentes, dont la conséquence immédiate a été de tout temps et est encore l'esclavage le plus odieux.

Tout est donc prêt pour que nous établissions avec ces nouveaux pays des relations commerciales qui, outre l'échange activement opéré entre nos produits et leurs innombrables richesses naturelles, amèneront peu à peu une situation pacifique générale, adouciront les mœurs, favoriseront le développement des cultures, par suite de la prospérité et en même temps de la population, plus lentement peut-être la suppression de l'esclavage.

Chacun sait d'ailleurs que notre commorce avec le Soudan est appelé à l'exploitation d'une source de fortune inépuisable et qu'il contribuera plus que tout autre au relèvement de la grandeur de notre patrie.

Or, l'état de crise presqu'universelle arrête forcément aujourd'hui l'élan généreux de nos nationaux vers cette terre de promission et il s'écoulera sans doute

plusieurs années avant qu'il soit possible au gouvernement de notre pays de reprendre avec vigueur la suite
de ces opérations qui lui ont déjà tant coûté et dont il
est cependant du plus haut intérêt de ne pas compromettre les résultats acquis. Ce retard est d'autant plus
préjudiciable que la France s'expose ainsi à se voir
dépouillée de ce riche joyau, si ardemment convoité
par nos deux puissants voisins.

Ce que l'État ne peut réaliser, des Français entre-
prenants et patriotes vont le tenter. Une Société en
formation, sous le nom de « La Sénégalienne », vient
d'adresser au gouvernement des propositions à l'effet
d'établir, sans imposer au Trésor public aucune subvention effective nouvelle, les voies de communication
nécessaires pour relier d'une manière régulière, pendant
toute l'année, la France, Dakar et Saint-Louis avec les
postes du Haut-Fleuve, le Niger et le Soudan afin de
créer ainsi les bases absolument essentielles pour un
courant commercial dont les avantages seront incalcu-
lables. Comme conséquence, la construction à Dakar,
également aux frais de la Société, d'un port-entrepôt
vaste et sûr.

L'assentiment unanime de l'opinion publique, sans
parler des inquiétudes suscitées dans les familles par
les derniers événements de Bakel, fait espérer que ces
propositions seront favorablement accueillies par les
éminents hommes d'État qui président aujourd'hui aux
destinées de la France, et qui sont eux-mêmes d'ailleurs
les premiers promoteurs de cette œuvre éminemment
nationale si utile et à la fois si grandiose.

Résumons en quelques pages la situation.

HISTORIQUE DE LA QUESTION

Chambre des Députés — Sénat — Ministres — Gouverneurs du Sénégal.

En 1863, M. le général Faidherbe, alors gouverneur du Sénégal, après avoir victorieusement repoussé les armées d'El Hadj Omar et pacifié ces contrées, tournait ses regards vers le Soudan. Il prescrivait à M. Mage, lieutenant de vaisseau, par lettre du 7 août, d'explorer la ligne entre Médine et le Haut-Niger, en vue d'établir une ligne de postes, distants d'une trentaine de lieues, de Médine à Bammako ou tout autre point voisin qui paraîtrait le plus convenable pour créer un point commercial sur le fleuve. On ferait passer par des voies à construire les objets d'importation européenne pour en faire le commerce sur le Niger et les matières riches retourneraient par les mêmes voies.

En 1879, M. de Freycinet, alors ministre des travaux publics, tout en reprenant l'idée de voies de communication entre nos possessions africaines et le Soudan, émettait la conception nouvelle de joindre Alger à Tombouctou par une voie ferrée. Le 12 juillet, il communiquait ainsi qu'il suit au Président de la République le résultat de ses études :

« Les découvertes des voyageurs dans ces dernières
« années ont montré que l'Afrique centrale est loin d'être ce
« que l'on supposait. Là où l'on croyait n'exister que de
« vastes déserts et des contrées arides, il est prouvé au con-
« traire que de grandes agglomérations d'hommes vivent
« dans un état plus ou moins voisin d'une demi-civilisation.
« Des villes d'une réelle importance par le nombre de leurs
« habitants s'élèvent sur le bord des lacs et le long des
« cours d'eau. Le Sahara lui-même n'est pas tel que le dépei-
« gnaient des observations incomplètes ou superficielles....
« Le Soudan paraît être la partie la plus notable de ce
« vaste ensemble. La population y est évaluée par certains
« voyageurs à plus de cent millions d'âmes. Un grand
« fleuve, le Niger, le traverse sur la moitié de son territoire.
« Les habitants sont laborieux et les éléments d'un trafic
« international paraissent y exister à un haut degré. Des
« deux côtés, par l'Algérie et par le Sénégal, ce pays peut
« être abordé en surmontant des difficultés plus ou moins
« considérables. Le problème, depuis vingt ans, a tenté
« nombre d'esprits : Le moment semble venu de le résoudre
« pratiquement. »

Une commission supérieure nommée par M. de Freycinet
avait conclu le 12 juin précédent, qu'il était nécessaire de
relier le Sénégal au Niger et que les explorations et études
à entreprendre devaient être dirigées simultanément du
Sénégal et de l'Algérie, les projets de loi devant embrasser
les deux directions.

Déjà, M. Rouvier, rapporteur de la commission du budget
de la Chambre des Députés, avait ainsi donné son avis sur
un amendement de M. Paul Bert :

« L'Afrique attire de plus en plus l'attention des hommes
« civilisés. La France, plus rapprochée du continent Afri-

« cain que la plupart des autres nations, plus directement
« intéressée qu'elles à l'avenir de ce continent par ses pos-
« sessions de l'Algérie, du Sénégal, du Gabon et par les
« nombreux comptoirs français établis sur la côte occiden-
« tale, la France ne peut se dispenser de prendre sa part
« dans le mouvement qui entraîne l'Europe vers les régions
« africaines dont on commence à entrevoir les richesses.
« Le souci de la grandeur et des intérêts de notre patrie ne
« nous commande-t-il pas de nous placer à la tête de ce
« mouvement ? »

Au Sénat, la commission du classement des chemins de
fer « était bien convaincue qu'il y avait un grand intérêt
« politique et national à résoudre à notre bénéfice le pro-
« blème de l'accès du Niger et à nous tenir à l'avant-garde
« de la civilisation dans les autres contrées que nous ouvre
« notre France algérienne. »

Le 25 septembre 1879, M. l'amiral Jauréguiberry, ministre
de la marine et des colonies, adressait au Président de la
République un rapport commençant ainsi :

« L'attention des puissances maritimes de l'Europe, sti-
« mulée par les découvertes récentes du monde savant, se
« porte en ce moment vers le continent africain avec une
« ardeur dont on chercherait vainement un autre exemple
« dans les temps modernes.
« Cette terre, encore mystérieuse, attire à la fois
« la curiosité des géographes, la sollicitude des esprits
« libéraux et les légitimes convoitises du commerçant et du
« négociant. Il s'agit en effet d'un monde nouveau à entraî-
« ner dans le courant du progrès industriel et à conquérir
« à la civilisation.

« La France ne pouvait rester étrangère à ce mouvement.
« Le rôle le plus important appartient en effet, dans cette
« question, à notre pays ».

Le 5 février 1880, le ministre déposait à la Chambre un
projet de loi tendant à relier Dakar au Niger par une voie
ferrée, divisée en trois parties :

1º De Dakar à Saint-Louis, 264 kilomètres. Cette ligne
est construite et exploitée.

2º De Saint-Louis à Médine, 580 kilomètres (ou 950 par
les plateaux de la vallée du fleuve). — Cette ligne est
ajournée.

Ces deux lignes devaient être concédées suivant une
garantie d'intérêts ;

3º De Médine au Niger, 550 kilomètres, à construire aux
frais de l'Etat. — Ajournée depuis 1884, après la construction de 54 kilomètres qui sont exploités.

Ces travaux devaient coûter, y compris l'établissement
des forts de soutien entre Médine et le Niger, 120 millions
de francs sur lesquels 54 millions pour cette dernière
partie.

Le rapporteur de ce projet de loi s'exprimait ainsi à la
Chambre le 29 juin 1880 :

« Les nations de l'Europe tournent de plus en plus les
« yeux vers le continent africain, désireuses de le pénétrer,
« espérant y trouver des débouchés pour leur commerce et
« des éléments pour leur trafic international.

« A juste titre la France n'entend pas rester étrangère à
« ce mouvement et ses possessions de l'Algérie et du Séné-
« gal peuvent lui fournir d'utiles moyens de devancer ses
« rivaux ».

Le rapporteur fait ressortir la grandeur patriotique de

l'œuvre à entreprendre ; d'après lui, le but à atteindre doit être fécond en résultats avantageux pour notre influence, notre industrie, notre marine marchande.

Le 21 décembre 1880, le même rapporteur s'exprimait ainsi au nom de la Commission du budget :

« La prépondérance dans le Soudan, dans l'intérieur de
« l'Afrique, appartiendra à ceux qui, les premiers, seront
« maîtres du Niger qui deviendra un puissant véhicule
« pour le transport des produits des pays qu'il traverse, un
« puissant auxiliaire de commerce et de civilisation.

« Si nous parvenions à toucher les premiers au Niger par
« un chemin de fer parti de notre colonie du Sénégal, on
« peut dire que ce résultat pourrait avoir pour notre pays
« les conséquences les plus heureuses au point de vue éco-
« nomique, industriel et commercial : ce serait un grand
« honneur pour le gouvernement de la République et la
« France trouverait là un vaste champ d'expansion pour
« son intelligente activité commerciale... »

Le rapporteur concluait qu'il y avait lieu d'exécuter dans le plus bref délai possible l'étude d'une voie provisoire entre Médine et un point placé sur le Niger près de Bammako.

Un premier crédit fut voté sur lequel les forts furent construits jusqu'au Niger, mais la ligne, dont la première section allait jusqu'à Bafoulabé, à 150 kilomètres de Kayes (12 kilomètres en aval de Médine), s'arrêta à 54 kilomètres à Diamou ; 30 millions étaient déjà dépensés sur les 120 millions du projet de loi.

Le 18 décembre 1883, la Chambre des députés a ajourné la demande de nouveaux crédits pour continuer les travaux de ce chemin de fer trouvés trop coûteux (156.500 fr. le kilomètre, le chiffre prévu étant de 88.250 fr.) et, en septembre 1884, le Gouvernement a prescrit d'abandonner les opérations et de faire rentrer le personnel et le matériel en France.

Il est à croire que d'ici à plusieurs années la situation du Trésor ne permettra pas la reprise de ces travaux.

Cependant, dans une lettre adressée aux Sénateurs, le 28 décembre 1883, M. le général Faidherbe avait soutenu chaleureusement l'opportunité de continuer l'œuvre entreprise. Nous citerons quelques extraits de ce document remarquable :

« On a traité nos projets sur le Haut-Sénégal d'insensés.
« Il n'est pas insensé de chercher des marchés nouveaux
« pour notre commerce en décadence. Partout où nous
« sommes en présence de la concurrence étrangère, nous
« succombons devant les Anglais, les Allemands, les Hol-
« landais, les Américains, dont l'instinct et les aptitudes
« commerciales sont supérieurs aux nôtres. Au Niger, nous
« serions seuls pour un immense champ d'exploitation. Nous
« en tenons la seule porte et nous n'avons pas à y craindre
« les difficultés avec les autres puissances comme cela
« arrive partout ailleurs.

« On a nié qu'il y eût un marché à exploiter dans ces
« régions. Comment peut-on dire cela d'un pays très peuplé
« et d'une fertilité exceptionnelle, comme le sont nécessai-
« rement des plaines situées dans la zone intertropicale
« et arrosées par de nombreux cours d'eau?

« Dans son dernier rapport, le commandant de Kita a dit
« que le maïs qu'il avait fait planter autour de son poste
« avait atteint plus de trois mètres de hauteur.

« Ces pays ne produisent aujourd'hui que pour leur con-
« sommation parce qu'ils n'ont pas de débouchés. C'est à
« peine s'ils exportent un peu d'or et d'ivoire, et des plumes
« d'autruches, marchandises d'un transport facile et qui ne

« sont pas encombrantes. Chaque famille y cultive autour de
« sa case du mil et des arachides pour se nourrir ; elle trouve
« sur les arbres voisins le beurre végétal comme condiment;
« elle recueille le miel et la cire pour son usage, elle cultive
« du coton qu'elle file et tisse pour ses vêtements et de
« l'indigo pour les teindre et enfin du tabac.

« L'indigène, pour produire tout cela, travaille peut-être
« la valeur d'un mois par an ; s'il trouvait à vendre les pro-
« duits de son travail, il défricherait et produirait sans
« doute quatre fois plus, comme cela a lieu depuis trente
« ans à la côte, depuis qu'on y achète les arachides qu'un
« millier de navires va y charger annuellement; le Souda-
« nien pourrait alors se procurer ce qui lui manque : des
« armes, de la poudre, des chevaux, des objets de toilette,
« des liqueurs et surtout du sel, marchandise d'une valeur
« infime, et qui, dans le Soudan, se paie le centuple de ce
« qu'elle nous coûte.

« Niera-t-on que le pays soit très peuplé? Nous avons les
« assertions de tous les voyageurs qui ont parcouru le
« Soudan, Mungo-Park, Caillé, Barth; et, sans reculer si
« loin, il suffit de s'en rapporter aux derniers explorateurs,
« Mage, Soleillet et Gallieni.

« Mage a signalé une trentaine de villages sur les bords
« de la partie du Niger qu'il a suivie en pirogue; il n'avait
« fait qu'une vingtaine de lieues; cela donne entre les vil-
« lages une distance de 2/3 de lieue.

« Gallieni, du point où il a passé le Niger, à Nafadié,
« jusqu'à Nango, a marqué sur la carte plus de vingt vil-
« lages pour une longueur de vingt-cinq lieues, ce qui
« donne une distance moyenne de 5 kilomètres entre les
« villages.

« On est donc en droit d'assurer que la vallée du Niger
« est très peuplée.

« Je reconnais qu'une fois la ligne de Médine à Bafoulabé

« terminée pendant la prochaine campagne, il serait avan-
« tageux de confier à l'industrie privée la construction du
« reste de la ligne jusqu'au Niger.

« On trouverait peut-être une Compagnie qui s'en char-
« gerait à ses frais, à condition d'avoir le monopole de son
« usage, ce qui l'amènerait nécessairement à avoir le mono-
« pole du commerce du Niger ; mais cela conviendrait-il à
« nos idées actuelles ?

« Il vaudrait mieux offrir à une Compagnie la garantie
« d'intérêt, et que le chemin de fer servît à tout le monde.

« En résumé, il ne semble pas possible que le Parlement
« persiste à refuser les fonds nécessaires pour terminer la
« ligne commencée jusqu'à Bafoulabé et que le Gouverne-
« ment renonce à son projet ; ce serait mériter les reproches
« d'inconstance, de légèreté, d'incapacité à coloniser qu'on
« a l'habitude de nous adresser. Comme cela entraînerait
« probablement l'abandon de nos postes au-dessus de Mé-
« dine, les conséquences politiques d'une pareille reculade
« pourraient être désastreuses pour notre domination au
« Sénégal et mettraient à néant notre prestige dans toutes
« nos possessions africaines. Enfin, cela serait justifier les
« paroles du voyageur autrichien Lentz qui, après son
« retour par le Sénégal de son voyage à Tombouctou, a écrit
« et dit dans ses diverses conférences en Europe et à moi-
« même : L'idée de la construction d'une voie ferrée du
« Sénégal au Niger est grandiose ; les résultats en seraient
« magnifiques, mais il y a de grandes difficultés à vaincre
« et les Français auront-ils assez de persévérance et d'esprit
« de suite pour mener à bonne fin une pareille entreprise ? »

Malgré cette énergique protestation, aucun crédit nouveau
n'a été alloué et la continuation des travaux du chemin de
fer de Médine au Niger a été définitivement ajournée.

DOCUMENTS

**Publiés par le Ministère de la Marine et des Colonies précisant,
au point de vue politique et commercial, l'absolue nécessité
de la pénétration dans le Soudan.**

Les publications du Ministère de la marine et des colonies
parues en 1884 donnent des indications précieuses sur cette
importante question :

... Le Sénégal et le Niger constituent deux grandes voies
qui nous ouvrent le Soudan occidental. Leur situation entre
l'Algérie et le Gabon semble en faire les éléments d'une
vaste colonie française présentant des débouchés considérables aux produits de notre industrie et de notre commerce.

... La France, qui occupe déjà une admirable position en
Afrique par l'Algérie, Tunis et la Sénégambie, va-t-elle
rester spectatrice des efforts faits par les autres nations et,
après avoir été la plus grande puissance sur le continent
africain, n'y comptera-t-elle plus bientôt que la Grèce ne
compte aujourd'hui en Europe?

La réponse ne saurait être douteuse et la politique de la
France dans l'Afrique est déterminée par les deux colonies
qu'elle y possède déjà, l'Algérie et la Sénégambie. Elle doit,
de l'Algérie, continuer à marcher vers le sud, et, de la Séné-

gambie, marcher vers l'ouest et en même temps vers le nord. Elle occupera ainsi ce vaste pays dont l'étendue ne sera pas moindre que six fois environ la superficie de la France.

Et qu'on ne croie pas que le Sahara, qui s'étend entre l'Algérie au nord, le Bankounou, le Kalari, le Macina au sud, soit, comme on le disait autrefois, un vaste désert, une plaine de sable aride et brûlante. Chaque jour des relations nouvelles viennent changer les idées que l'on s'était faites sur ces pays. Les derniers travaux du capitaine de Castries ne montrent-ils pas que des régions qu'on avait toujours crues sans eau sont arrosées par des rivières importantes, coulant au milieu de vallées cultivées et fertiles, dont les habitants sont à la fois sédentaires et nombreux?

Et dans cette œuvre d'expansion du côté du Haut-Sénégal, nous rencontrons ces deux avantages si précieux dans la situation actuelle de la France : d'abord l'occupation du pays n'exige que l'emploi de forces militaires très restreintes et, de plus, étant les premiers occupants, nous sommes à l'abri de toute complication diplomatique.

... Il ne faut pas songer, sous ces latitudes, à faire une colonie de peuplement. Le climat ne le permet pas et d'ailleurs ce genre de colonie ne saurait convenir qu'aux peuples qui ont un grand excès de population et tel n'est pas le cas de la France.

Une colonie de plantations, c'est-à-dire dans laquelle les travaux des cultures, d'exploitation, seraient faits par des noirs et dirigée par des Européens, peut être tentée. Il est certain que le Français, dans ces conditions, pourra vivre, et que les cultures d'exportation, arachides, beurre de karité, caoutchouc, coton, indigo, etc., s'y développeront dans des proportions pour ainsi dire illimitées. Mais cette colonie de plantations ne sera et ne peut être qu'une action réflexe et lente de la colonie de commerce, qui seule peut se développer rapidement et nous payer de nos peines dans

un avenir peu éloigné. D'autre part, la colonie de commerce
exige, pour qu'elle puisse prendre de l'extension, deux conditions essentielles, d'abord d'être en contact avec des pays
peuplés et susceptibles de fournir des matières d'échange
et ensuite d'être en communication avec la mer. Or, le pays
peuplé et relativement très riche, le plus voisin du Haut-
Sénégal, c'est la vallée du Niger, et c'est en même temps
celui dont l'exploitation commerciale est la plus facile....

... Il restera à chercher les voies et moyens pour que les
résultats acquis paient largement et dans le délai le plus
court possible les sacrifices déjà faits. Certes les difficultés
de détail seront encore grandes, mais elles sont loin de
pouvoir entrer en ligne de compte avec l'importance du
résultat à atteindre, avec la nécessité de ne pas nous laisser
devancer par toutes les autres nations dans le partage du
grand empire africain. C'est ce qu'exprimait si vivement et
si justement un des plus grands économistes de la France,
après avoir fait ressortir la situation dans le monde entier
des Slaves, des Anglo-Saxons, des Allemands :

« La colonisation est pour la France une question de vie
« ou de mort : ou la France deviendra une grande puis-
« sance africaine, ou elle ne sera, dans un siècle ou deux,
« qu'une puissance européenne secondaire ; elle comptera
« dans le monde à peu près comme la Grèce ou la Roumanie
« comptent en Europe.
« Nous ambitionnons pour notre patrie des destinées plus
« hautes : que la France devienne seulement une nation
« colonisatrice, alors s'ouvriront devant elle les longs
« espoirs et les vastes pensées. »

Si la France poursuit cette grande entreprise de la colonisation du Soudan occidental, avec l'esprit de suite sans
lequel on ne fait rien de durable, avec l'activité sans la-

quelle on arrive toujours trop tard, avec la fermeté et l'énergie sans lesquelles les difficultés s'accumulent, grandissent et deviennent insurmontables, l'avenir nous payera largement de nos peines et, suivant la prédiction d'O. Reclus, « le Sénégal, aujourd'hui simple et pauvre comptoir, sera « demain un vaste empire. »

... Nous rappellerons qu'après le massacre de la mission Flatters, M. de Saint-Vallier, ambassadeur de la République à Berlin, rendait compte en ces termes, au Ministre des affaires étrangères, d'une conversation qu'il avait eue avec les célèbres voyageurs Nachtigal et Lentz, au retour de leur exploration du Soudan :

« L'objectif d'unir par une voie ferrée les bassins du « Niger et du Sénégal, afin de donner à notre colonie le « bénéfice d'un grand courant commercial avec les popula- « tions noires du Haut-Niger et de la région de Tombouc- « tou, semble à ces illustres étrangers pleinement réalisa- « ble... La France, d'après eux, aurait une belle et admira- « ble mission civilisatrice à remplir si elle portait ses efforts, « ses capitaux, sa puissance d'expansion sur les contrées « avoisinantes du Sénégal..... »

D'après le docteur Barth (1861), qui avait passé plusieurs mois à Tombouctou, cette ville est le grand entrepôt des fertiles et populeuses contrées placées au sud-ouest, au sud et au sud-est, se reliant aux contrées du nord de l'Afrique du Maroc à Tripoli par Arouan, Mabrouk (jadis Souk), Inçalah du Touat. Il y a là, dit-il, un vaste champ d'exploration pour l'activité européenne en vue de relever le commerce de ces régions, autrefois sous un gouvernement fort, susceptibles encore d'une grande splendeur.

Dans la grande boucle du Niger, entre les pays que nous

occupons, Tombouctou et les états du Haoussa, sur une étendue supérieure à celle de l'Algérie et de la Tunisie réunies, coulent de nombreux affluents produisant une puissante végétation....

C'est ainsi que s'élève de toutes parts, unanimement, chez nos nationaux et même du côté de l'étranger, une grande voix réclamant avec une puissante énergie l'établissement immédiat de voies commerciales pour la pénétration dans le Soudan, à laquelle le sentiment public rattache dans l'avenir la prospérité et la grandeur de notre chère patrie.

Mais la nécessité d'ouvrir d'urgence une communication permanente pendant toute l'année entre Saint-Louis et les postes du haut-fleuve est impérieusement commandée par les événements qui viennent d'ensanglanter Bakel et de compromettre un instant notre prestige dans nos possessions africaines.

Bien antérieurement aux faits que nous venons de rappeler, les opérations politiques et militaires sur le Niger ayant pleinement et glorieusement réussi, une société de négociants armateurs avait cherché à se constituer pour ouvrir au commerce français de nouveaux débouchés vers les marchés du Soudan.

Les promoteurs de cette société ont proposé au Ministre de la marine et des colonies, parmi les nombreux et importants travaux qu'elle exécuterait pour arriver à ces fins, d'établir une ligne régulière de communication entre Saint-Louis et les postes du haut-fleuve, Bakel, Médine, jusqu'au Niger.

Il était dit, dans le texte des propositions, que l'Etat n'aurait aucune subvention nouvelle à fournir pour la construction de cette ligne que nécessitent absolument aujourd'hui le sang versé de nos soldats et la ruine d'un centre commercial.

Comme on le sait, on ne peut faire remonter à Bakel un aviso de flotille dans la saison des basses eaux. Pendant sept ou huit mois, pas de ravitaillement possible, isolement complet; c'est tout récemment que le télégraphe a été installé, reposant, il est vrai, sur la bonne foi des indigènes. Quant aux lettres, elles sont transportées par des pirogues qui restent plusieurs semaines en route. Les relais de piétons mettent treize jours de Podor à Kayes, dix-sept de Kayes à Bammako, les courriers de piétons réguliers bimensuels quarante-sept jours de Saint-Louis à Bammako.

C'est ainsi que nos postes se trouvent à la merci de hordes de fanatiques que soulève le premier imposteur venu en plein milieu de nos possessions et qui, s'étant réunis en quelques jours sous de fallacieux prétextes, au nombre de plusieurs milliers, jettent brusquement le masque, investissent nos postes, massacrent nos soldats et nos traitants, incendient les concessions et les comptoirs et détruisent pour des millions de francs de marchandises.

Il faut absolument mettre un terme à cette situation qui n'a que trop duré, les intérêts les plus chers et les plus sacrés de la France le commandent; l'opinion publique, les familles doivent être déchargées au plutôt des inquiétudes légitimes qu'entretiennent les douloureux événements de Bakel.

Le moment est donc venu d'accorder à la Société en formation l'autorisation qu'elle a demandée d'ouvrir cette ligne nouvelle.

L'idée d'établir une communication fluviale permanente ne présente rien d'extraordinaire. Déjà M. l'amiral Aube, aujourd'hui ministre de la marine, alors commandant au Sénégal, avait mis sur les chantiers de Saint-Louis une chaloupe à vapeur dont il avait dressé les plans, précisément dans le but de remonter le fleuve à toute époque. Comme il rentra en France malade, on ne donna pas suite à cette idée.

La navigation sur le Sénégal est toujours possible entre Saint-Louis et Podor pour les navires calant douze pieds, jusqu'à Mafou pour ceux calant huit pieds. Pendant toute l'année, les chalands et les pirogues du pays, de faible tirant d'eau, peuvent naviguer sur le fleuve jusqu'à Médine, point terminus de la navigation commerciale. Mais dans la saison sèche, ils marchent tantôt à la voile ou à la rame, tantôt tirés à la cordelle, et leurs voyages sont longs et pénibles. Aussi, la création d'un service régulier, soit par des particuliers, soit par l'État, est-elle réclamée de toute part dans la colonie comme moyen de communication rapide à la portée de tout le monde.

Que l'on se figure entre Mafou et Médine, pendant la saison sèche, sur un parcours de 650 kilomètres, plusieurs seuils qui divisent le fleuve en biefs successifs où le fonds atteint un minimum de 0^m 50. Chacun de ces biefs recevra une ou plusieurs chaloupes à vapeur à faible tirant d'eau et une flotille de radeaux ou de chalands. Les transbordement se feront pour plus de rapidité par le système Decauville.

Ces trains marchant de 6 à 7 nœuds, il suffirait de quatre à cinq jours, dans un moment critique, pour prendre les garnisons de tous les forts depuis Podor et les jeter sur Bakel ou sur Médine, les défenseurs des postes en arrière devant être remplacés immédiatement par Saint-Louis.

On prépare en ce moment l'amélioration des seuils au moyen de dragues et d'engins envoyés de France. On s'attachera sans doute à modifier le moins possible le régime du fleuve et on maintiendra les principaux barrages existants qui conservent les eaux dans les biefs successifs pendant la saison sèche, les empêchent de s'écouler vers la mer, entretiennent l'évaporation nécessaire pour les crues périodiques, s'opposant ainsi au dessèchement du bassin qui rendrait toute culture impossible et convertirait ces contrées en un vaste désert.

On voit donc qu'en envisageant la question au point de vue politique et militaire seulement, les travaux réalisés par la Société contribueront à assurer la sécurité de nos forts et de nos postes et, par suite, la domination de la France sera respectée dans les hautes vallées du Sénégal.

L'État ne peut certainement se charger de cette organisation dont il ne se servirait qu'assez rarement pour le transport de son personnel et de son matériel. Aussi, l'exécution de cette entreprise doit-elle être laissée à l'initiative d'une Société particulière, afin d'ouvrir la voie aux relations commerciales qui attendent le jour où elles pourront activement s'établir.

Mouvement commercial naissant du Haut-Sénégal et du Niger.

Déjà, en 1884, au lendemain de l'occupation, les nouveaux postes à peine construits, on a pu constater les chiffres suivants d'affaires traitées dans ces petits centres, encore si peu importants :

Médine, 5 millions et demi de francs ;

Bafoulabé, 3 millions de francs ;

Kita, 4 millions de francs ;

Bammako, 5 millions et demi de francs ;

soit, pour une année, sans compter Médiné, 12 millions et demi. Autour de tous les postes, d'ailleurs, la population indigène augmente tous les jours.

Jusqu'en 1880, époque de sanglantes dévastations opérées par le sultan Ahmadou, le commerce du Soudan occidental, répandu dans plusieurs centres, venait surtout se concentrer à Bammako. De nombreuses caravanes avec des milliers de chameaux se croisaient dans cette ville, arrivant du Maroc, de Tombouctou, du centre et du nord de l'Afrique, du Ouassoulou, du Fouta-Djallon, de Médine, de Sierra-Leone, etc. Cette puissance commerciale est tombée tout d'un coup, en 1880, par suite de guerres et de carnages épouvantables. Mais, comme on vient de le voir, cette situation s'améliore depuis 1883; elle est même déjà florissante.

Cet accroissement s'accentuera, basé sur une occupation sérieuse, sur une protection efficace des caravanes et des populations de ces régions où nous venons de planter le drapeau de la France.

Navigation libre sur le Niger et ses affluents. — D'après les dernières relations officielles, avec la libre navigation du Niger, la route de Tombouctou est ouverte et les marchandises qui arrivent chaque année, pour une somme de 150 à 180 millions aux marchés de cette ville par les chemins si difficiles et si dangereux du désert, transiteront ainsi par le Sénégal. Avec les moyens de communication déjà créés, qui sont à perfectionner et à compléter, le voyage de Saint-Louis à Tombouctou (2.500 kilomètres) sera de cinquante-six jours, alors que, de Fez au grand entrepôt du Soudan, il est au minimum de cent quatre-vingt-deux jours.

Nous ajouterons qu'après l'exécution des travaux que la Société propose de faire à ses frais, ce voyage sera réduit à 25 jours. Après la construction des chemins de fer sur tout

le parcours, on ira facilement de Saint-Louis à Tombouctou
en moins de 8 jours. Pour se rendre d'Alger à cette dernière ville par le chemin de fer transsaharien, il faudra le
même temps, la distance étant à peu près la même.

Construction d'un vaste port-entrepôt à Dakar.

Il sera nécessaire que la nouvelle ligne de navigation sur
le Sénégal soit rattachée, par l'intermédiaire du chemin de
fer existant de Dakar à Saint-Louis, à un vaste port servant
d'entrepôt où des milliers de steamers viendront importer
et exporter les produits, d'une part de la France et des
pays civilisés, de l'autre de l'Afrique occidentale et centrale.

Aussi la Société a-t-elle présenté des propositions au
Ministre pour être autorisée à construire dans la vaste et
profonde rade de Dakar, à ses frais et sans aucun déboursé
nouveau de l'Etat, un port qui comptera parmi les plus
beaux et les plus sûrs du monde entier.

Situation actuelle, politique et militaire, du Haut-Sénégal et du Niger jusqu'à Tombouctou.

Depuis l'occupation récente du Haut-Sénégal et du Niger supérieur, nos troupes ont eu chaque année des rencontres avec les bandes aux ordres d'Ahmadou, sultan de Ségou, au nord, et de l'aventurier Malinké Samory, au sud. Ahmadou s'était même rapproché de nous et s'était établi à Yamina.

Nos vaillantes colonnes ont tenu tête de tous les côtés, les Bambaras d'Ahmadou, battus partout, ont abandonné la lutte. De brillants succès ont été remportés sur les pillards de Samory qui, toujours repoussés vers le sud, découragés et terrifiés par le courage et l'ardeur de nos soldats, se disposent à mettre bas les armes.

Bientôt les chefs rebelles auront été partout soumis ou détruits et notre influence sera complètement affermie. Une occupation solide, une politique sage et prudente vis-à-vis de ces peuplades, va asseoir définitivement notre occupation et ces régions pacifiées et confiantes s'ouvrent déjà aux bienfaits de la civilisation. On a reconnu que les Malinkés et les Bambaras seront les meilleurs auxiliaires de notre action pacifique et commerciale dans le Soudan.

On a continué en même temps l'organisation des pays conquis ou protégés.

Entre les forts extrêmes Médine et Bammako, quatre forts ont été construits : Bafoulabé, Badoumbé, Kita, Koundou. Ils sont séparés par une trentaine de lieues et protègent la route qui les rattache. La conception de M. le général Faidherbe se trouve ainsi réalisée. D'autres points sont encore occupés : Niagassola, Tiguire, Tonkoto, Guinina, Kourikolo.

Saint-Louis et par suite la France sont reliés à Bammako sur le Niger par un fil télégraphique de 1636 kilomètres de longueur, suivant la ligne Kita-Koundou.

Une canonnière, le *Niger*, a été lancée sur le fleuve de ce nom et elle l'a descendu sans entraves depuis Bammako jusqu'à Sansanding, sur plus de 300 kilomètres. Elle n'aura qu'à continuer sa route jusqu'à Kabara, port de Tombouctou; nous sommes tenus en effet d'entretenir nos liens d'amitié avec les chefs de cette puissante oasis afin d'ouvrir de ce côté de nouvelles voies commerciales.

On sait que la Djemmâ de Tombouctou s'est décidée, dès la fin de 1884, à entrer en relations avec la France et qu'elle a envoyé une ambassade au Président de la République.

On doit constater toutefois les efforts incessants faits par les Anglais pour pénétrer dans les hautes régions du Sénégal et du Niger, par la Gambie vers la Falémé, par Sierra-Leone vers le Fouta-Djallon, ainsi que par la côte nord de la Guinée et le delta du Niger. Déjà, en 1880, l'Angleterre avait envoyé le gouverneur de la Gambie en mission auprès de l'Almamy de Timbo, capitale du Fouta-Djallon. De même, les Allemands fixés aujourd'hui à Cameroun se préparent à établir des comptoirs sur le Benoué, affluent inférieur très important du Niger, d'où ils se proposent de remonter jusqu'au Soudan central.

En vue des divers considérants exposés ci-dessus, il importe donc de se hâter.

Aujourd'hui, d'ailleurs, tout est à la paix dans nos possessions du Sénégal. L'agitateur du Bondou, Mahmadou-Lamine, qui a si piteusement échoué dans son entreprise sur Bakel, est en fuite. L'exécution d'une communication permanente sur le fleuve nous débarrassera pour l'avenir de toute crainte d'attaques semblables.

Le sultan Ahmadou a abandonné sa capitale et s'est retiré à Nioro dans le Kaarta, l'un des derniers points qui lui soient restés fidèles. On n'aura garde de l'inquiéter, n'ayant rien à craindre de lui, et son pouvoir, battu en brèche de tous côtés, ne tardera pas à s'effondrer.

Samory a signé un traité de paix; il vient d'envoyer son fils à Saint-Louis sous la protection du gouverneur.

La situation générale peut donc être regardée comme des plus satisfaisantes, et le prestige de nos armes dans le Soudan n'a jamais été plus grand qu'aujourd'hui. Notre autorité s'appuie sur les traités d'annexion, de protectorat, d'alliance et de commerce passés avec les indigènes et sur de nombreux postes fortifiés.

Maintenant la parole est aux travaux d'organisation pour ouvrir les voies au commerce, à l'industrie, à l'agriculture, aux éléments nouveaux de richesse et de prospérité, dans cette immense étendue de pays qui dépasse six fois celle de la France. L'urgence se motive d'ailleurs par d'autres faits très sérieux.

Un mot sur la question sociale actuelle en France.

Les travaux publics et particuliers se sont ralentis en France, les grèves nous menacent, la question sociale devient de nouveau embarrassante. Or, l'exécution des propositions de la Société réclamera plusieurs milliers de bras de diverses professions. Si l'on y joint le personnel nécessaire pour le commerce et l'agriculture dans ces régions nouvelles, on reconnaîtra que des sources précieuses d'occupations indéfinies s'ouvrent pour les ouvriers sans travail, en si grand nombre aujourd'hui, et ce sera tout bénéfice pour l'ordre et la tranquillité dans notre pays.

Quant à la question du climat, on est bien revenu sur les craintes exagérées qu'avaient pu justifier des mortalités excessives provoquées par les fatigues de l'état de guerre, par les privations et surtout par les excès qu'il faut absolument éviter. Dans les hautes vallées du Sénégal et du Niger, la température varie pendant l'année de 8° à 35°; par le vent d'est, l'harmattan, dans la saison sèche, elle peut s'élever à 42°. Leur altitude est de 300 à 400 mètres au fond des vallées, de 700 mètres sur les plateaux du Niger supérieur, et de 1.100 mètres vers les têtes de la Falémé; elles sont donc parfaitement habitables par les Européens, sous la seule condition qu'ils ne travaillent pas pendant l'hivernage. Ceux qui ont participé, de 1881 à 1884 avec plusieurs centaines de marocains et de chinois, aux travaux pénibles du chemin de fer de Kayes à Diamou, ont bien supporté la saison sèche. Quelques-uns de nos compatriotes viennent de passer plus de quatre ans dans nos postes avancés sans maladie sérieuse. Certainement le climat de ces contrées est beaucoup meilleur que ceux de Saint-Louis et des rivières du sud, ainsi que d'une grande partie de l'Algérie.

Nous croyons utile d'emprunter encore quelques lignes à une notice de M. le général Faidherbe, que l'on voit sans cesse à l'avant-garde pour tout ce qui touche au Sénégal, et qui a paru en 1885 :

« Solidement établis sur le Haut-Niger, y possédant une
« flotille commerciale protégée par quelques canonnières de
« l'Etat, bien et facilement reliés avec Saint-Louis et la mer,
« nous pouvons exploiter les riches régions du Soudan cen-
« tral qu'arrose et fertilise le grand fleuve soudanien.
« Déjà, avec les moyens de communication imparfaits
« qui existent, mais grâce à la sécurité que procurent nos

« postes, un courant commercial se crée entre Médine et
« Bammako ; les caravanes qui, à travers le Fonta-Djallon,
« gagnaient Sierra-Leone commencent à dévier de leur
« route ; celles qui de Tombouctou se dirigent vers le Maroc
« et le cap Djuby, trouveront avantage à venir nous apporter
« leurs produits à Bammako, à Sansandig, et à nous les
« livrer à Tombouctou même lorsque nos canonnières,
« convoyant nos traitants, leur permettront de s'y rendre.

« Enfin, il est une autre conséquence de notre établissement
« qu'il faut signaler. Maîtres de la ligne Médine-Bammako-
« Tombouctou, nous couperons une grande partie des voies
« suivies par les caravanes qui, jusqu'au fond du Soudan,
« vont chercher des esclaves pour les transporter dans le
« nord, dans le Sahara et au Maroc. Nous détruirons ainsi
« ce commerce infâme de la traite. De plus, par notre seule
« présence, nous serons un obstacle à ces guerres continuel-
« les qui dévastent, ruinent et dépeuplent le Soudan occi-
« dental. C'est là une promesse d'avenir qui se base sur des
« faits acquis. Déjà, autour de certains de nos postes du
« Haut-Fleuve, des tribus noires sont venues chercher protec-
« tion et se sont établies, cultivent la terre, élèvent des
« troupeaux et fournissent des vivres à nos soldats. Ce
« mouvement ne peut que s'accentuer. Quand le noir sera
« assuré de pouvoir jouir des fruits de son travail et con-
« vaincu qu'il ne pourra vivre que de son travail, il devien-
« dra producteur. Avec l'aisance, ses besoins augmenteront,
« s'élèveront, la population croîtra.

« Nous aurons ainsi accompli une œuvre humanitaire en
« même temps que nous aurons ouvert au commerce de la
« France de vastes et riches régions. »

Énumération des travaux proposés.

Il importe de faire connaître les opérations que la Société « La Sénégalienne » propose ou proposera d'exécuter :

1º *Communication fluviale permanente entre Saint-Louis et Médine,* environ 950 kilomètres, reliant Dakar et Saint-Louis aux postes du fleuve, à Bakel, à Médine et au chemin de fer de Kayes.

La portion comprise entre Mafou et Médine, sur 650 kilomètres, est d'une urgence absolue ainsi que nous l'avons démontré et tout sera mis en œuvre par la Société pour qu'elle soit livrée dans le plus bref délai. Le chemin de fer de Saint-Louis à Kayes serait étudié dans des temps plus propices.

2º *Construction du port de Dakar,* qui pourra s'entreprendre en même temps et qui d'ailleurs est vivement réclamée par la Colonie.

3º *Organisation de la route militaire,* sur 500 kil., *entre Diamou et Bammako* qui serait rendue carrossable et entretenue pendant la saison sèche, époque de la traite. Elle est assez large aujourd'hui pour que des spahis montés puissent y passer en colonne par quatre et pour que de petites voitures circulent avec facilité de Badoumbé à Kita et de Koundou à Bammako. Les diolas ou marchands colporteurs indigènes ne cessent de la parcourir. Elle a déjà servi au transport de la canonnière démontable qui navigue aujourd'hui sur le Niger.

—Cette première série de travaux serait exécutée aux frais de la Société, sans subvention spéciale nouvelle de l'Etat. Mais ses promoteurs sont trop de leur époque pour songer jamais à réclamer un monopole quelconque touchant le commerce de transport sur le fleuve du Sénégal ou sur la route du Niger.

4° Navigation sur le Niger et sur ses affluents jusqu'à Tombouctou.

4° *Création d'une navigation fluviale sur le bassin du Niger supérieur et moyen jusqu'à Kabara, port de Tombouctou,* sur un développement de 3200 kil. environ que présentent ce cours d'eau et ses nombreux affluents, dont les rives sont très riches et renferment une population de plus de 30 millions d'habitants. Déjà, il y a plus d'un quart de siècle, le voyageur Barth avait annoncé aux noirs de Say, dans le Haoussa, qu'avant peu des bateaux à vapeur navigueraient sur leur magnifique fleuve, — ils devaient être fournis par l'Angleterre.

Les roches de Sotuba, non loin de Bammako, forment pendant la saison sèche un barrage que l'on regarde comme divisant en ce point le cours du fleuve en moyen et supérieur; on verra s'il y a lieu de l'améliorer dans la suite, ainsi que les gués d'Oueyako, Koulikoro et Yamina. De Segou-Sikoro à Kabara, sur 800 kilomètres, la nappe est large, profonde et sans obstacles.

Après l'établissement de comptoirs dans cette portion du bassin du Niger, on prolongera le service de la navigation jusqu'aux chutes de Bouroum, à 300 kil. de Kabara, et dans l'avenir, jusqu'à 1300 kilomètres plus bas, aux chutes de Boussa, situées à 1000 kilomètres du delta du Niger.

En effet, les états du Haoussa, compris dans cette région entre le Niger et le Bornou sont très peuplés; ils possèdent de nombreuses villes rapprochées ayant de 8 à 20 mille habitants. Il s'y fait un important commerce sur les marchés de Sokoto, la capitale, Vourno, Gando, Katsena, Saria, surtout à Kano, centre industriel que l'on peut comparer à la moyenne de ceux d'Europe. Il en est de même des vastes états du Sonrhay et de ses grands marchés de Gogo, ancienne capitale, Say, Sinder (céréales, blés, etc.), villes populeuses sur le Niger moyen.

Mais il sera sage de s'arrêter d'abord aux chutes de Bouroum et de se contenter de cet immense empire soumis à notre protectorat.

La liberté du commerce sur le Niger a été établie le 25 février 1885 par la conférence de Berlin et la situation de la Société se trouve fixée. Mais il s'écoulera sans doute longtemps encore pour que les navires étrangers puissent en profiter, l'accès vers le Haut-Niger devant bientôt se trouver fermé par les nouvelles limites de nos possessions. L'appui du gouvernement Français sera toujours nécessaire pour l'exécution des réglements à établir touchant la sécurité et le contrôle de la navigation.

— Aucune subvention ne sera d'ailleurs demandée à l'Etat pour cette installation fluviale.

5° *Continuation et achèvement du chemin de fer du Niger entre Diamou et Bammako*, suivant l'opinion si fortement motivée de M. le général Faidherbe, mais après étude très complète, 500 kil. Il convient que les idées soient bien arrêtées sur le point d'attache dans la vallée du Niger et que l'on ait aussi eu le temps d'apprécier sainement la situation politique et commerciale de cette contrée.

Ce travail coûterait 50 millions. La Société s'en chargerait par concession avec garantie d'intérêt. Ce chemin servirait à tout le monde. La Société n'hésiterait pas d'ailleurs à construire ce chemin à ses frais si sa situation financière le permettait.

<table>
<tr><td>6° Chemin de fer de Saint-Louis à Kayes.</td><td>6° Construction d'un chemin de fer entre Saint-Louis et Kayes, lorsqu'il sera jugé nécessaire, 1000 kil., coût cent millions, y compris les embranchements vers le fleuve.</td></tr>
</table>

6° *Construction d'un chemin de fer entre Saint-Louis et Kayes,* lorsqu'il sera jugé nécessaire, 1000 kil., coût cent millions, y compris les embranchements vers le fleuve.

La Société exécuterait ce travail dans les mêmes conditions que le précédent.

7° *Construction du chemin de fer transsaharien jusqu'à Tombouctou,* 2200 kil. Lorsque les transactions commerciales seraient établies dans la région de Tombouctou et que notre protectorat y fonctionnerait sans obstacle, les communications étant largement ouvertes du côté du Sénégal, il serait possible, suivant l'initiative prise par M. de Freycinet, de relier nos possessions du Soudan avec celle de l'Algérie par une voie ferrée qui, déjà ouverte dans cette contrée, aurait un parcours de 2400 à 2500 kil.

Le chiffre de la dépense à faire, naturellement inconnu, pourrait être évalué approximativement à 200 millions. La Société sera toujours prête à répondre à l'appel du Gouvernement le jour où cette opération devra être entreprise.

— Nous ne parlerons que pour mémoire des travaux suivants que l'extension continue du commerce nécessitera dans l'avenir :

8° *Construction d'un chemin de fer entre Bammako et Tombouctou,* 1100 kil., coût cent millions. Un moment viendra où 10 à 12 jours paraîtront bien longs pour ce parcours et où l'on demandera qu'il soit réduit à 3 ou 4 jours. Alors on communiquera d'Alger à Saint-Louis par une voie ferrée de 5000 kil. et ce long trajet ne demandera que de 12 à 15 jours.

9° *Création d'une navigation fluviale sur le Niger moyen et ses affluents entre Kabara, port de Tombouctou et les chutes du Boussa,* 3,000 kil., coût 20 millions.

Et 10° *Construction d'un chemin de fer entre Say ou un autre point à choisir sur le Niger moyen et Kouka sur le lac Tchad, 1,300 kil., coût 150 millions.*

10° Chemin de fer entre le Niger moyen et le lac Tchad.

A cette époque la pénétration se continuera à l'est de la boucle du Niger et l'on s'ouvrira de nouveaux débouchés sur les nombreux et importants marchés du Haoussa, du Bornou et des États riverains du lac Tchad ; le Soudan tout entier, devenu le vaste théâtre de nos opérations commerciales, sera pleinement ouvert à la civilisation et la France possédera le plus magnifique des empires.

— Ces travaux se classeraient dans l'ordre suivant :

PREMIÈRE URGENCE

Aux frais de la Société, sans subvention spéciale nouvelle de l'Etat et sans monopole pour le service des transports :

1° Établissement d'une communication fluviale permanente et régulière pendant toute l'année entre Saint-Louis et Médine — 950 kil.

2° Construction du port de Dakar.

3° Organisation de la route militaire entre Diamou et Bammako sur le Niger — 500 kil.

DEUXIÈME URGENCE

Aux frais de la Société, sans subvention ni monopole :

4° Création d'une navigation fluviale sur le Niger supérieur et moyen et sur ses affluents jusqu'à Tombouctou — 3,200 kil.

Par concession sans garantie d'intérêt, au service de tout le monde :

5° Continuation et achèvement du chemin de fer du Haut-Sénégal entre Diamou et Bammako — 500 kil.

6° Construction d'un chemin de fer entre Saint-Louis et Kayes avec embranchements — 1000 kil.

TROISIÈME URGENCE

7° Construction du chemin de fer transsaharien jusqu'à Tombouctou — 2,200 kil.

— L'exécution des travaux se ferait soit d'après les projets des Ingénieurs de l'Etat, soit d'après ceux dressés par les Ingénieurs de la Société.

La conception financière qui permettra à « La Sénégalienne » de faire face aux obligations qu'elle s'imposera est tout à l'avantage de l'Etat, elle a déjà été soumise au Gouvernement.

CONCLUSIONS

___

PROPOSITIONS DE LA SOCIÉTÉ

En résumé :

La Société en formation « La Sénégalienne » se présente devant les pouvoirs publics afin d'être autorisée à poursuivre les travaux préparatoires pour la pénétration de la France dans la vallée du Niger et dans l'intérieur du Soudan, travaux votés en principe par la Chambre des Députés et par le Sénat, commencés sous les auspices des plus illustres hommes d'État et arrêtés. à l'heure présente par les difficultés de la situation financière, au moment où la plupart des nations de l'Europe abordent à l'envi de tous côtés les contrées inconnues du continent africain.

Elle demande à établir dès aujourd'hui à ses risques et périls et sans subvention spéciale et nouvelle de l'Etat :

Une *communication fluviale permanente sur le fleuve*

du Sénégal jusqu'à Médine, imposée par les derniers événements de Bakel.

La *construction d'un port à Dakar.*

L'organisation de la route du Haut-Fleuve jusqu'au Niger.

La *création d'une navigation fluviale sur le Niger supérieur et moyen et sur ses affluents jusqu'à Tombouctou.*

Après l'ouverture de chacune des communications proposées, « La Sénégalienne » laissera la route ouverte à tous et ne réclamera aucun monopole en sa faveur.

Elle prendra pour elle la rude période des travaux et des dangers de diverse nature et, tout terminé et pacifié, elle livrera au commerce de la France les voies nouvellement créées vers les riches marchés du Soudan, qui est appelé à devenir un puissant empire, et elle aura eu la gloire d'avoir ainsi contribué de son côté à reconstituer la prospérité et la grandeur de notre chère patrie.